J'aime mon métier

Pompier

Édition publiée par les Éditions Scholastic,
604, rue King Ouest, Toronto (Ontario) M5V 1E1
avec la permission de Quarto Group.

5 4 3 2 1   Imprimé en Chine CP141   10 11 12 13 14

Auteure : Amanda Askew
Concepteur graphique et illustrateur : Andrew Crowson
Directrice artistique : Zeta Davies

Catalogage avant publication de Bibliothèque et Archives Canada

Askew, Amanda

Pompier / Amanda Askew ; illustrations d'Andrew Crowson ; texte français d'Isabelle Allard.

(J'aime mon métier)
Traduction de: Fire fighter.
Pour les 4-7 ans.
ISBN 978-1-4431-0386-2

1. Pompiers--Ouvrages pour la jeunesse.
I. Crowson, Andrew   II. Allard, Isabelle
II. Titre.   IV. Collection: J'aime mon métier

HD8039.F5A8514 2010   j363.378
C2010-902788-4

Les mots en **caractères gras** sont expliqués dans le glossaire de la page 24.

Pompier

Amanda Askew

Illustrations d'Andrew Crowson

Texte français d'Isabelle Allard

Éditions **SCHOLASTIC**

Voici Julien. Il est pompier. Il aide à prévenir et à éteindre les incendies.

Julien arrive à la caserne de pompiers et enfile son uniforme.

Lorsqu'il est à la caserne, Julien porte un uniforme bleu. Quand il y a une alerte au feu, il met une **tenue de feu**, un casque et de grosses bottes noires.

Les gens reconnaissent qu'il est pompier à son uniforme.

Mario, le **lieutenant**, s'assure que les six pompiers sont présents.

D'abord, Julien et ses collègues doivent vérifier que tout fonctionne en cas d'une **alerte d'incendie**.

— Tout le monde est là. Commencez à inspecter et à nettoyer le camion, dit Mario.

Plus tard, Julien va installer un nouveau
détecteur de fumée chez Mme Patel. Il
lui montre comment l'utiliser.

— Une fois par mois, vous devez vérifier qu'il fonctionne en appuyant sur ce bouton rouge. Il faut changer les piles deux fois par an.

— D'accord. Merci, dit Mme Patel.

Julien revient à la caserne pour le dîner.
Au moment où il termine son sandwich...

DRING! DRING! DRING!

Il y a une alerte au feu.

Tous les pompiers enfilent leur tenue de feu
et courent vers le camion d'incendie.

— À l'école de la rue Dollard! crie Mario. Il y a un incendie dans la cuisine!

Julien conduit le camion et actionne la **sirène** pour que les autres véhicules s'écartent du chemin.

Quand les pompiers arrivent à l'école, les enfants attendent calmement dans la cour de récréation. De la fumée sort du bâtiment.

Carlos va voir l'enseignante et lui demande :

— Reste-t-il quelqu'un dans l'école?

— Non, les 75 élèves
sont sortis, lui répond-elle.

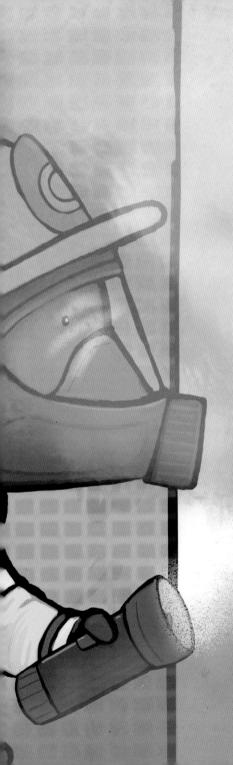

Julien, Pierre et Lucas mettent un **masque à air** pour mieux respirer. Ils se précipitent dans la cuisine.

Ils ne voient presque rien à cause de l'épaisse fumée noire.

— Regardez! Ça vient des fours!

Ils arrosent les flammes jusqu'à ce que l'incendie soit éteint.

Dehors, Julien et Lucas rangent le tuyau d'incendie.

Pierre et Max cherchent la cause de l'incendie. Ils s'assurent que le bâtiment est sécuritaire avant d'y laisser entrer les élèves.

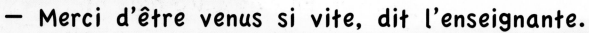

— Merci d'être venus si vite, dit l'enseignante.

— À votre service!

Un garçon tapote le bras de Julien.

— S'il vous plaît, monsieur, est-ce qu'on peut monter dans votre camion?

— Pas aujourd'hui, dit Julien, une autre fois, peut-être.

Glossaire

Alerte d'incendie : signal sonore pour avertir qu'un incendie s'est déclaré.

Caserne de pompiers : endroit où travaillent les pompiers.

Détecteur de fumée : appareil qui produit un signal sonore pour indiquer la présence de fumée dans un bâtiment.

Lieutenant : personne responsable de la caserne et de la supervision des pompiers.

Masque à air : dispositif qui protège le visage et permet de respirer de l'air comprimé.

Sirène : avertisseur sonore des véhicules d'urgence, comme les camions d'incendie et les voitures de police.

Tenue de feu : vêtements que portent les pompiers pour se protéger de la chaleur et des flammes.